Ama Fleud-Floyd

Teoria General de la Relativitat de la Psique

***

Llibre 1

***

***

Doctrina de la Psicologia

***

***

Doctrina de Psique Bipolar

I Psicosi Primal

***

A Déu, als meus pares i al món

***

 Als meus estimats pares -
Em van mostrar el patró etern
de la humanitat.

***

***

„I el més gran d'ells és l'amor”

***

***

Aquí comença com l'última de totes les ciències, la ciència de la psique.

***

***

Prefaci

***

***

  La ciència veritable comença amb una definició de l'objecte dels seus estudis. La pseudociència dóna una història, més o menys interessant, però sense definició.

Hi ha milions de llibres i obres sobre la psique i els seus trastorns. Alguna vegada heu conegut en alguna d'elles una definició de la psique? Una definició vàlida a tot el món?

La resta és silenci?

Decideix, després de llegir tots els llibres d'aquesta obra.

***

***

Definició

La psique és un procés d'un intercanvi simbòlic actual entre el subjecte de la psique i el seu entorn actual (definició subjectiva).

La psique és un procés d'un intercanvi simbòlic actual entre dos subjectes de la psique (definició objectiva).

***

***

***

1.

 Al meu treball explico aquesta definició. La meva definició de la psique la defineix com un fenomen dinàmic. No estàtica, ja que la psique es va entendre i descriure fins ara.

2.

 En altres paraules, totes les descripcions estàtiques de la psique només són metàfores.

Vol dir que en realitat tot el llenguatge psicològic fins ara, començant per les obres de Freud i milions de llibres d'altres autors, s'hauria de veure com una mena de poesia i no, per descomptat, com una escriptura científica. Tot i això, s'ha entès fins ara literalment. I de tal manera, una falsa ciència va enganyar la civilització i milions de persones que pateixen.

3.

Mentrestant, és absurd que una afirmació tan òbvia per a tothom soni com un gran descobriment que la psique no és un objecte observable. Al cap i a la fi, ningú no l'ha vist mai! Per tant, no el podem observar ni descriure com un objecte.

4

Aquest absurd és més absurd que la situació anterior a Copèrnic sobre l'obvia observació comuna que el Sol es movia sobre el cel. Tothom ho podia veure amb els seus propis ulls. I encara Copèrnic va ser l'únic que va qüestionar aquesta observació comuna.

5.

 De fet, va ser absurd la declaració de Copèrnic. En certa manera, sent contradictòria amb el fet observable, la declaració de Copèrnic va ser rebutjada de manera justificada per la ciència d'aquella època. La ciència que tenia davant tenia una prova observable del que es movia i del que no. Tot i així, la prova final només podríem obtenir aquells de nosaltres que podríem veure la Terra des de l'espai còsmic. Vol dir que l'observació, sent una base de tota ciència, no és suficient per ser decisiva. El punt de vista de l'observació és decisiu.

II

1.

La superfície de la Terra era un punt de vista equivocat per decidir, si el Sol es movia al voltant de la Terra o era al revés. Però fins al segle XX va ser l'únic punt de vista accessible, de manera que fins als viatges còsmics l'observació que el Sol es mou al voltant de la Terra era totalment justificable.

2.

Amb el meu treball vull demostrar que en el cas de la psique també es tracta del punt de vista.

3.

Fins ara la psicologia es va fundar en el punt de vista estàtic de la psique. Frey, el fundador de la psicologia del segle XX, va descriure la psique com un objecte estàtic. El va dividir d'una manera típicament estàtica en porcions, com ara: "ego", "superego", "id", "consiousness", "subconsciousness". Era una mena de món màgic amb les seves enigmàtiques estructures estàtiques, un món d'objectes totalment estrany a la vida quotidiana de la gent. I, per tant, la necessitat d'un traductor que se suposa que és un psicoterapeuta. Un client assumeix que el psicoterapeuta coneix l'enigmàtic món de la psique i el podrà descriure en un llenguatge entès per tothom.

4.

Aquest enfocament s'assembla molt a la manera com funcionen els grups espirituals. Tant en el cas de la psicologia fins ara com en el cas dels grups espirituals hi ha un grup de persones que "coneixen" els coneixements "sagrats" sobre la psique i el món espiritual, respectivament, i hi ha la resta de persones que coneixen res o només saben tant com els diran els que "saben". Dos mons: el sacre (el món al qual només tenen accés aquells que saben) i el profà (els clients dels que saben).

5.

En realitat, què és aquest coneixement "sagrat" de la psicologia fins ara?

Es tracta d'una història inventada i reinventada de nou sobre el sacre: un món enigmàtic de la psique, on res no és segur, tot és possible i el paper més important el tenen aquells que "saben" explicar un conte al client la psique.

III

1.

El més gran dels narradors de la psicologia fins ara, com Freud, eren aquells les històries dels quals eren més originals i ... estranyes. Per què estrany? Perquè el "sacre" no pot ser tan banal com el "profà", si s'hauria de separar clarament entre si. Sense aquesta separació no hi hauria necessitat de qui "sàpiga". Això explica per què la "psicologia" fins ara no ha arribat fins ara a convertir-se en ciència.

2.

 La ciència és un destructor del sacre, perquè la ciència descobreix les lleis per entendre el món. I el món governat per les lleis ja no és enigmàtic. D'aquesta manera el sacre es converteix en el profà. En conseqüència, els que "saben" són superflus. Conèixer les lleis de la naturalesa i utilitzar el pensament lògic és suficient

per endinsar-se en el món
profà. Tothom ho pot fer.

3.

Per això, aquells que "saben"
de la "psicologia" fins ara són
els últims a intentar establir i
popularitzar qualsevol llei que
regeixi la psique (si és que les
descobreix). Un dia, quan la
psique es convertirà en ciència,
serà el seu darrer dia.
Combatran abans, però,
qualsevol intent real de

convertir la psicologia en ciència.

4.

Quan es tracta de la psique, tothom per la seva pròpia experiència accepta el fet que existeix. La qüestió és que ningú no ho podria veure mai amb els ulls com un objecte observable. No obstant això, tothom accepta les seves descripcions metafòriques com si fossin les d'un objecte observable. Per què?

5.

Perquè fins ara la gent no ha tingut més remei! El mateix que fins a Copèrnic. No hi havia alternativa. La gent creu en allò que escriuen els autors. Arribes a les teves mans l'alternativa a la descripció de la psique fins ara.

IV

1.

 Què podem dir, doncs, de la psique? Científicament parlant, només això es pot observar. Per descomptat, com mostra l'exemple de Copèrnic, l'observació en si mateixa no garanteix que el que veiem sigui el que veiem. Però en el cas de la psique és el contrari del cas de Copèrnic. Perquè l'observació fins ara no veu res!

2.

 Fins que els viatges còsmics el procediment científic basat en l'observació, que és la condició sine qua non de la ciència veritable, no podria acceptar els càlculs de Copèrnic. Encara que matemàticament parlant semblessin correctes i versemblants. En altres paraules, Copèrnic, 400 anys abans de l'observació feta des del punt de vista de l'espai còsmic, va donar arguments matemàtics que l'observació feta des del punt de vista de la superfície terrestre era errònia.

3.

El meu paper en la història de l'exploració de la psique és el revers del paper que va jugar Copèrnic en l'exploració del cosmos.

4.

És a dir, Copèrnic amb arguments matemàtics va

demostrar que la descripció de l'observació del moviment del Sol al cel era només una aparença del veritable. I l'error d'aquesta falsa observació va consistir en un punt de vista equivocat de l'observació del moviment del Sol.

5.

 Al seu torn, amb les meves lògiques, biologia, física, química i arguments evolutius intento demostrar que la descripció de la psique vigent basada en cap observació també és només una aparença del veritable. Una aparença inventada igual que abans de Copèrnic.

V

1.

Una cosa salta, però, als ulls. Les persones de fa 2000, 1000 i 400 anys semblaven ser millors pensadors que les persones actuals. Per què?

Aquestes persones antigues, encara que siguin equivocades en la seva descripció del moviment del Sol, són excusades per l'argument de l'observació a favor seu.

Al seu torn, la gent del segle
XX creu en una descripció de la
psique basada en l'argument
de no observació ...

2.

El meu paper en aquest punt
d'inflexió de l'exploració de la
psique és aturar l'era de les
descripcions de la psique
basades en cap observació.
Per tal de fer possible aquesta
observació, vaig haver de
buscar la possibilitat
d'observar la psique. I aquesta

possibilitat es podria trobar, però no allà on milions i milions de persones no l'han trobada abans que jo. No es podia trobar en la dimensió estàtica de la realitat.

3.

El meu avanç copernicà va ser traslladar el meu punt de vista de l'observació de la psique des de la dimensió estàtica de la realitat a la dinàmica. I aquest acte va marcar la diferència. Finalment vaig poder observar i definir què és la psique. Definició de la psique a la mà, podria iniciar la ciència de la psique.

4.

I el que es pot observar és un fenomen dinàmic. El procés dinàmic!

Aquest procés dinàmic l'anomeno en la meva definició de la psique: l'intercanvi simbòlic actual. Vol dir que no és possible parlar de la psique d'una persona. No existeix. El que existeix és només la psique com a intercanvi simbòlic actual momentani. Vol dir que la psique d'una persona és una seqüència d'intercanvis simbòlics momentanis infinitament petits, igual que la llum és la seqüència de fotons de llum infinitament petits.

 Per aquest motiu, la psique com a procés es pot pertorbar, però, per descomptat, no pot estar malalt (!) I per aquest motiu (no l'únic) el títol d'aquest treball és:

„Teoria de la relativitat de la psique general".

5.

(Per descomptat, encara trobareu en aquesta obra expressions que recorden l'era de les descripcions estàtiques de psique (dos pols, espai interpolar, ...).

No obstant això, no podria començar a escriure sobre la psique amb un llenguatge que no enteneu, estimat Lector, des de les primeres pàgines. Per una raó molt senzilla: ningú abans que jo va escriure sobre la psique sobre un fenomen dinàmic, com la llum o el temps.

Potser us pregunteu per què sóc l'únic que tracta la psique com un fenomen i no com un objecte. La resposta és fàcil. Perquè no he vist mai la psique ni he sentit mai que ningú ho hagi vist. Tot i així, existeix! La conclusió és una: és un fenomen dinàmic.)

Doctrina

Jo

1.

Psique humana. Es tracta de tothom. No hi ha home sense

psique. Amb la nostra psique, cadascun de nosaltres viu el millor que podem. I cada persona viu amb una psique diferent. No hi ha dues psiques iguals. El paper de la ciència és trobar la clau per entendre les coses. La psique és una cosa així. Vaig passar 20 anys estudiant-ho. I vaig trobar la clau. Per tant, sense paraules innecessàries arribo al tema.

2.

Els dos pols de la psique
humana són els més
importants. El pol d'ansietat i
el pol emocional. La diversitat
de la psique humana prové
essencialment de l'expressió
d'aquests dos pols.

3.

El que semblava tan complicat
resulta ser més senzill del que
es podria esperar. Al cap i a la
fi, des de fa milers d'anys

l'home intenta explorar la naturalesa de la psique. I aquests intents sempre han donat lloc a visions extremadament complicades del seu funcionament. Mentrestant, es basa en la increïble senzillesa de funcionament. Que és una cosa molt senzilla perquè consisteix en la interacció de només dues funcions independents. Només dos !!!

4.

Tota la vida de l'home transcorre entre aquests dos pols. I això és tot. A la natura no hi ha res més senzill que la psique humana. Perquè només experimenta la influència de dos pols: el pol de l'ansietat i el pol de les emocions.

5.

Allò que en el nostre cervell és responsable de la capacitat de sentir, el que podem anomenar sensibilitat mental equipada amb un potencial d'expressió infinit, en forma d'infinitat de pensaments, paraules, sentiments, estaria tot mort i probablement no hauria sorgit en absolut, si no fos al camp interpolar entre el pol de l'ansietat i el pol de les emocions. Cadascun d'aquests pols té la seva pròpia manera d'animar l'espai mort interpolar.

II

1.

Això significa que l'energia de l'ansietat, ja que és adequat anomenar energia alguna cosa que té la capacitat de moure les coses mortes i posar-les en moviment, aquesta energia d'ansietat activarà les paraules, els pensaments, els sentiments acumulats al camp interpolar de la nostra psique d'una manera adequada. per això.

En altres paraules, diferents paraules, pensaments, sentiments "ballaran" d'una manera diferent, com les llimadures de ferro en un camp magnètic, quan s'activa el pol d'ansietat i d'altres quan s'activa el pol emocional.

2.

Per descomptat, aquests pols emeten la seva energia simultàniament i la psique humana és el joc simultani de la influència d'ambdós pols. I això és tot. Aquesta és la psique humana. Res més fàcil. És difícil creure que la humanitat hagi trigat 20 anys i molt més a arribar a aquesta veritat.

3.

Com és possible, doncs, que les persones siguin tan diferents entre si quan, com dic, la psique humana és senzillament senzilla en la seva funció?

4.

Però no dic que la gent sigui diferent. I segur que no dic que es tracta d'una diferència significativa. Aquesta és només una visió comuna que resulta completament infundada. Com que en totes les persones tractem un simple mecanisme bipolar de la psique, per què seríem tan diferents els uns dels altres?

5.

Sí, hi ha diferències interindividuals, però només són diferències cosmètiques. Perquè l'únic que distingeix les persones entre si és el potencial energètic de cadascun dels pols i la seva suma a l'espai interpolar on hi ha pensaments, paraules i sentiments.

Per tant, la diferència cosmètica entre individus provindrà només de tres fonts:

 - el potencial energètic del pol d'ansietat,

 - el potencial energètic del pol emocional,

 - l'estructura de l'espai interpolar.

III

1.

Discutiré aquestes tres fonts una per una.

El potencial energètic del pol d'ansietat és el nivell d'ansietat innat, individual i constant assignat a tots els éssers humans des del naixement. El nivell d'ansietat de tothom s'emmagatzema en els gens. En aquest llibre faig referència a aquest nivell com a potencial energètic d'ansietat.

2.

L'ansietat és una cosa que emana energia. En sabem especialment els que hem nascut amb un gen d'ansietat molt expressat. En ocasions en què es revela aquesta por a l'ansietat, algunes persones tan sovint tenen l'energia tan gran que podem passar hores pensant incansablement fent moltes coses, moltes vegades físicament difícils. On obtenim tanta força per a això, tanta energia?

3.

A partir del potencial activat del pol d'ansietat. Les

paraules, els pensaments i els sentiments continguts en l'espai interpolar comencen a ballar la seva dansa ansiosa sota la influència de l'energia ansiosa. Tothom sap com és aquest ball. És un remolí de paraules i pensaments que se sent com una desagradable sensació d'ansietat.

4.

Les paraules i els pensaments ballaran els diversos drames de la dansa de l'ansietat. Des de la por al futur, passant per la por a la supervivència, a la desagradable sensació de fragilitat individual que difícilment es pot anomenar amb paraules.

5.

Per tant, en persones amb un pol d'ansietat alt, les paraules i els pensaments potencials són seleccionats i portats per una energia d'ansietat elevada.

Com podeu endevinar fàcilment, l'energia de l'ansietat selecciona pensaments, paraules i sensacions relacionades amb l'ansietat. Es podria dir que el pol d'ansietat utilitza els mitjans interpolars de les paraules, els pensaments i els sentiments per descriure una vegada i una altra el que és la por com a ansietat. És una història interminable de por com ansietat.

IV

1.

Una persona que no és conscient del model de funcionament de la psique humana descrit ni tan sols veu que els pensaments, les paraules i els sentiments i, per tant, l'essència mateixa de la vida succeeix completament sense la nostra voluntat. És un autòmat que té lloc completament sense voluntat humana.

2.

Per tant, no és difícil veure que aquest temorós conte s'explica incessantment, des del despertar fins a l'adormiment dia rere dia, mes rere mes, any rere any, tota la vida. Molt ràpidament, ja en la infància, es converteix en el

més evident i inqüestionable. I
també la meitat de la nostra
disposició i personalitat. La
meitat de la nostra psique.

3.

L'altra meitat es deu al pol
emocional que fa ballar les
paraules, els pensaments i els
sentiments, un ball
d'emocions. El potencial
emocional també està
incrustat en els nostres gens.

4.

Naixem i ja es pot saber quanta energia emetrà el pol emocional a l'espai interpolar de la nostra psique. També aquí, totalment independent de la nostra voluntat, des del principi de la nostra consciència fins al final, el material de l'espai interpolar en forma de pensaments, paraules i sentiments explicarà la història del pol emocional. Sempre la mateixa història.

5.

Per tant, una història plena de pena i alegria, amor i odi, voluntat d'actuar i dubtar, victòria i derrota, satisfacció i insatisfacció. Sigui el que sigui, sempre inseparable del seu contrari.

El pol emocional és evolutivament més antic que el pol d'ansietat. Es produeix, en contrast amb aquesta última (característica només dels humans), ja en animals superiors. Això explica la seva extrema simplicitat. Per tant, emet energia positiva o negativa o s'apaga.

V

1.

I, finalment, el tercer element del simple mecanisme de la psique humana. Aquesta és l'estructura de l'espai interpolar. Està format per paraules, pensaments i sentiments. Aquest és l'únic element del mecanisme de la psique que no heretem i que és una qüestió dels assoliments individuals de cada persona.

2.

És un recull de paraules, conceptes, idees i arguments, coneguts habitualment com a intel·lecte o raó, tot i que no és un terme molt bo. Per què?

Bé, per raó o per intel·lecte, normalment només entenem la capacitat de pensar amb eficàcia.

Mentrestant, el material de l'espai interpolar no només són paraules i pensaments, sinó també sentiments. És per això que he utilitzat el concepte d'espai interpolar des del principi perquè aquest terme engloba adequadament pensaments i sentiments entre els pols de la psique.

3.

Com bé sabem, el tercer element del mecanisme mental és l'origen de diferències interpersonals extraordinàries i depèn de les condicions socials, culturals i econòmiques i sembla ser el més relacionat amb el gènere, tot i que també pot ser només un efecte cultural que consisteix en: tractament diferent de mascles i dones joves.

4.

Sens dubte, però, la influència més poderosa en el seu desenvolupament i la seva forma s'exerceix mitjançant la criança i l'educació literalment entesa. Com més completa sigui l'educació, més profunda i àmplia serà l'educació, més gran serà la riquesa de paraules, pensaments i sentiments. I també com més gran sigui la precisió en la creació de pensaments i frases.

5.

El Tercer Element té una altra cosa. Aquest és l'únic punt d'accés al simple mecanisme de la psique humana. Per tant, no podem influir ni directa ni indirectament, ni en el pol d'ansietat ni en el pol emocional. No ho podem fer no només pel que fa a l'altra persona, sinó que nosaltres mateixos no tenim accés directe al nostre pol d'ansietat i emocional.

VI

1.

Això és l'únic que resulta difícil en la psique humana. No s'hi pot accedir.

I, tanmateix, vaig dir fa un moment que es tracta del Tercer Element, és a dir, l'espai interpolar?

Sí, hi tenim accés. En primer lloc, a la meva, però amb una mica de destresa, també a l'espai interpolar d'una altra persona (mentre escric aquest llibre intento arribar-hi amb vosaltres!). Podem arribar-hi, sí.

2.

   Però siguem sincers, la veritable psique, la que sovint ens fa mal o ens dificulta la vida, no es troba a l'espai interpolar, sinó als pols de la psique. Hi ha aquests dos, sovint enormes, potencials: ansietat i emocional, que exploten amb una força tal que, a l'espai interpolar, sobretot no prou sòlid, poc reforçat i ineficient, només queden cendres.

3.

La veritat és que, tot i que he inclòs l'element tres en el sentit descriptiu en el mecanisme de la psique humana, és difícil incloure'l en el sentit funcional.

Els pols emocionals i d'ansietat, determinats hereditàriament, són completament autònoms, independents els uns dels altres i del Tercer Element. A més, dominen el Tercer Element, no al revés.

4.

Als pols d'ansietat i emocionals, s'alliberen energies inhumanes, sí, inhumanes en el sentit literal perquè tots dos pols són cataclismes incessants, un: un cataclisme de por constant sense causa, és a dir, ansietat nascuda a l'alba de l'espècie humana i un altre: un cataclisme d'emocions contradictòries i extremes, que sorgeix de la salvatge dual del món animal. És com dos tornados independents, que giren sobre els pols del planeta psíquic sense un moment de calma i sense previ avís desencadenant un cataclisme

de destrucció a l'espai
interpolar.

5.

Tindrà dret a dir que
l'element Tres va aparèixer en
l'evolució de la psique humana
com un intent d'establir-se en
aquest perillós planeta que va
resultar ser per als primers
grans simis, el planeta de la
seva psique amb dos tornados
furiosos a els seus pols.

Tot i així, els seus avantpassats, simis ordinaris i no humans, tenien a la seva disposició una psique força perillosa, unipolar, on de tant en tant es trencava un tornado al pal emocional. Però es va esvair després d'un temps i de nou, el nostre avantpassat animal, com tots els animals superiors actuals, com ara un cavall, un gat, un gos, podrien portar una vida feliç i despreocupada després d'un

període de cataclisme
emocional.

VII

1.

No hi ha cap moment de silenci ni de felicitat al planeta de la psique humana. Tot i que el tornado al pol emocional es trenca, com en els nostres germans animals més petits, només de tant en tant (sobretot quan l'educació i l'educació insuficientment meticuloses no ens permetien distanciar-nos massa dels nostres cosins d'animals), el tornado en l'ansietat pol dura tota la vida humana.

2.

Aquí neix constantment un cel fosc, ple de llamps nefastos, tempestes, vents i terribles trompetes que arrasen amb tot el que es troba a la carretera. Els primers grans simis van ser molt, molt infeliços. Es podria dir que tots patien depressió, la més greu possible.

3.

És difícil creure com van aconseguir sobreviure, ja que, com sabem, en la depressió més greu no tens ganes de menjar, córrer, copular ni res. Però sabem què passa quan ens afecta la depressió més greu. Si el permetem desenvolupar-se, no administrem drogues, no intentem alleujar la psique que pateix tant com sigui possible, es produirà un fenomen inusual, tot i que des del punt de vista de les lleis de la naturalesa natural.

4.

Bé, un dia, de sobte, una persona completament canviada apareix davant els ulls de la gent: somrient, relaxada,

simplement feliç. La mateixa
persona que abans d'ahir no
havia reaccionat al món que
l'envoltava, congelada en una
expressió d'indiferència.

5.

Què va passar? Bé, la natura,
encara que severa, no és
despietada. Sí, totes les
malalties formen part del món
de la natura, però al mateix
temps la natura ha
desenvolupat mecanismes que
intenten curar el que està

patint. I sovint n'hi ha prou amb no molestar la natura perquè es produeixi una curació natural.

VIII

1.

En totes les etapes d'una malaltia, la Natura continua esforçant-se per curar-la. Bé, però en lloc de recolzar la natura en aquest esforç per imprudència i ignorància o incomoditat, molestem molt sovint. Aleshores dificultem el procés de curació de la natura.

2.

No són les drogues les que curen! Les bones drogues són només aquelles que no interfereixen en el tractament amb la Natura. Però la Natura encara busca curar la malaltia. Tot i les drogues que molesten més sovint.

3.

El desig de curar i regenerar l'organisme està incrustat en

gens, que potser és el més poderós de tots els trets dels organismes vius, escrits en els seus gens. I el que li va passar a aquesta persona mal tractada amb depressió és un exemple de l'efecte de la natura. Així que expliquem com ho va fer la natura. Quin és aquest efecte?

4.

   Doncs bé, si el patiment mental d'una persona deprimida supera la capacitat

psicofísica, la naturalesa
intervé decisivament: apaga la
font del patiment. Llavors, què
es desactiva exactament?

5.

  Sí, sí, apaga la psique
humana. Sembla absurd, fins i
tot ridícul, oi? Al cap i a la fi,
com he comentat, de sobte la
persona torna a somriure i
desapareix l'expressió de
patiment i ansietat.

Sí, la natura va aturar el patiment insensat, fins i tot es pot dir que s'ha curat. El problema és que la Natura no coneix un home de cavall o vaca. Així, de vegades passa que la curació té lloc d'una manera que des del punt de vista humà és inhumana ...

IX

1.

De sobte, aquella persona malalta es torna tan feliç com ho són els animals (el que la gent no sap) perquè la persona ja no se sent ansiosa. La naturalesa ha apagat el pol d'ansietat de la psique d'una persona amb depressió severa. No és sense motiu que escric que una persona que pateix

fins ara pot ser feliç a partir
d'ara, feliç com són els animals
unipolars.

2.

Crec que va ser similar,
encara que a gran escala, amb
els primers primats
humanoides. Tots o gairebé
tots van entrar en depressió
severa durant la seva primera
edat adulta, la culminació de la

qual, si van sobreviure, va ser la psicosi post depressiva.

3.

Aquest canvi de la psique de la posició bipolar a la unipolar s'hauria d'anomenar així. És precisament per això que s'ha d'aturar la depressió a temps, de manera que no hi hagi cap risc que la naturalesa s'encarregui de fer-ho pel seu propi camí, tal com succeeix encara avui en dia amb pacients descuidats o mal tractats. I com va passar a una escala gegantina, com dic, fa milions d'anys amb els grans simis.

4.

Per tant, suposo que aquests simis prehistòrics no van ser capaços de suportar la càrrega de la psique bipolar i després d'una dotzena d'anys aproximadament hi va haver un "interruptor", després del qual es van tornar a convertir en micos ordinaris. Ordinari perquè mentalment, com tots els micos, excepte els humans, van tornar a ser unipolars.

5.

Una pregunta interessant és què va fer que aquests micos, micos bipolars, sobrevisquessin després de tot el que nosaltres mateixos som la millor prova?

En altres paraules, la bipolaritat psicològica va ser una càrrega enorme des del principi, tal com ho és després. Però, malgrat això, l'única espècie afectada per aquesta bipolaritat no està extingida, ja que sembla lògic que ho faci.

A més, és l'espècie més nombrosa actual, l'espècie a la part superior de l'escala d'evolució. Per tant, aquesta desgràcia de la bipolaritat ha d'amagar paradoxalment algun secret de l'èxit. Expliquem-ho.

X

1.

La primera dotzena d'anys de vida humana (sí, humans perquè eren bipolars!) Va ser un període molt turbulent a les seves vides. La por constant i les tempestes emocionals els feien infeliços. Mentre poguessin aferrar-se a la mà o l'esquena de la mare quan eren infants, sempre que volguessin jugar com a nens, aquesta terrible ansietat era suportable, la presència de la mare o el remolí del joc ajudaven a calmar-la.

2.

No és estrany que els micos prehumans no tinguessin pressa cap a l'edat adulta. Per contra, l'han estès d'una manera indecentment llarga, fins a diversos anys! De tota manera, una llarga infància va ser beneficiosa no només per als nadons, sinó que les mares també se'n van beneficiar perquè la cura dels nens jugava el mateix paper que els nens. Els va permetre desviar l'atenció del món d'una ansietat terrible. Una cosa que practiquem fins avui.

3.

Els simis prehistòrics humans masculins es van formar en grups més grans per la mateixa raó. Ja sabien que estar en un grup es distreia de la gran desgràcia que portaven tots: la desgràcia de la por constant. Així, es van distreure trobant noves i noves activitats de grup.

4.

Els homes amb una psique amb un potencial de pol d'ansietat més baix i els que tenien prou intel·ligència i força podien dedicar més temps a qüestions ordinàries d'animals com menjar, dormir i, sobretot, la còpula. Per tant, es pot suposar que els individus amb menor ansietat van passar aquest gen més fàcilment a la seva descendència que aquells amb un potencial de pol d'ansietat més alt.

5.

Imaginem-nos, doncs, com de gran va haver de ser l'ansietat dels simis antropoides, ja que encara avui, després de diversos milions d'anys d'evolució i l'eliminació gradual del gen de l'ansietat alta, encara considerem que la nostra ansietat és insuportable. És tan difícil imaginar llavors que, malgrat tots els esforços, fins i tot tots els simis prehistòrics humans caiguessin en psicosi post-depressiva després d'un període de depressió?

Semblaven tornar a convertir-se en micos ordinaris perquè no tenien ansietat, però podrien ser després de diversos anys d'experimentar ansietat el mateix que els micos que no l'havien experimentat mai? No.

XI

1.

En primer lloc, quin alleujament és quan de sobte no sentiu por com ansietat. Qualsevol que hagi tingut l'oportunitat d'utilitzar algun dels fàrmacs ansiolítics (perquè existeixen!) Ho sap bé. Però és una comparació deficient amb l'alleujament que sent una persona que, després d'haver patit durant molts anys l'ansietat, se n'alliberarà sobtadament.

2.

Si hi ha un paradís, és així com ens hi hem de sentir. Així, els simis prehumans, tot i que al final de la seva vida, com els micos animals, no sentien por, a diferència d'aquests darrers

sí que reconeixien un estat
mental que anomenem
felicitat.

3.

Així no va néixer la
contemplació dels sentiments
animal, sinó típicament
humana. En el cas d'aquestes
criatures prehumanes
primigènies, és clar, només la
llavor del que ara entenem
com a contemplació. Deu ser
només una llavor, ja que els
simis prehumans encara no

tenien un mitjà com el ric espai interpolar. Encara no hi havia paraules, ni pensaments, ni sentiments. Però aquest últim va començar a sorgir com a molt aviat. I va passar per l'experiència de la desgràcia de l'ansietat i després de l'alliberament.

4.

He esmentat que aquest alliberament va arribar al final de les seves vides. No sorprèn gaire. Després de les dificultats de la vida des del naixement a l'infern de l'ansietat, després d'una dotzena d'anys aproximadament, eren iguals i, com he descrit anteriorment, probablement molt més pertorbats mentalment que les persones que pateixen depressió severa a llarg termini. I, igual que els nostres contemporanis, els avantpassats humans de fa milions d'anys van aprendre el gust de la felicitat de la vida

sense ansietat. I això va ser
suficient perquè estiguessin
plenament satisfets. Sovint
deixaven de cuidar els aliments
i la seguretat. En aquestes
condicions no era difícil morir.
I van morir molt ràpidament.
Però van morir feliços.

5.

Els micos joves, els infeliços,
aprenien una lliçó important
en mirar el destí dels seus
parents més grans. És a dir,

que la seva vida no serà
desagradable per sempre.

   Així, un altre material,
l'esperança, va néixer a l'espai
primari interpolar. I és
important notar que primer va
néixer l'esperança i després
només al final de la vida va
aparèixer un altre element
d'aquest espai: el sentiment de
felicitat.

XII

1.

És clar que l'espai interpolar
es va construir minuciosament
com a cura de la bogeria de
l'ansietat, com a arma contra
el seu poder destructiu. I

aquest espai deu el seu origen al que ara anomenem psicosi depressiva (post-depressiva).

2.

L'animal humanoide alliberat de l'ansietat queda meravellat davant d'aquest fet sobtat. Des de la sorpresa, que és un fenomen a la frontera de la capacitat psíquica d'altres animals, és només un petit pas cap a quelcom que cap altre animal de la Terra pot fer, fins a l'autoreflexió. Avui és normal, òbvia, però fa uns milions d'anys el que va passar a la psique dels nostres avantpassats animals els devia sorprendre enormement.

3.

Crec que toquem aquí el moment més fascinant de tota la història de la vida a la Terra. Perquè va ser el moment en què l'inconscient de la seva pròpia existència, després de molts centenars de milions, fins i tot milers de milions d'anys, va arribar finalment al punt culminant d'aquesta llarga odissea, en termes còsmics i fins i tot terrestres.

4.

Es pot coronar millor amb res més que amb aquest moment, molt metafòricament parlant i en una drecera gegantina, en què una pedra situada al costat de la carretera es fa conscient de si mateixa?

5.

La consciència és el contingut de l'espai interpolar. Va néixer en l'evolució completament per accident i no es va completar immediatament. Va ser creat per combatre l'ansietat i, com es pot sospitar, també les emocions

...

La consciència va sorgir llavors com a resultat de la primera psicosi de la psique dels micos primordials.

Com que sense aquesta psicosi primària no hi hauria consciència, potser també passa el contrari?

A més, atès que la psicosi original va resultar tan saludable per sortir del cercle viciós de patiment de la psique ansietat-emocional bipolar, potser tenim dret a suposar que aquest fenomen encara és vàlid? Potser no l'hem de tractar com una cosa inadequada i indesitjable?

***

***

***

Definició

La psique és un procés d'un intercanvi simbòlic actual entre el subjecte de la psique i el seu entorn actual (definició subjectiva).

La psique és un procés d'un intercanvi simbòlic actual entre dos subjectes de la psique (definició objectiva).

***

***

***

Recordeu!

Exordium

Jo

1.

Mirant la vida dels animals salvatges, sempre em sorprèn el seu poder de supervivència. Ja sigui a les gelades siberianes o als tròpics, per no parlar de les zones temperades, tots els animals estan tan perfectament harmonitzats amb la natura que gairebé mai es posen malalts al llarg de la seva vida. Es posen malalts només a la vellesa, i això és la vellesa dels animals.

2.

 Mentrestant, l'home, com a única espècie entre els mamífers, és una espècie extremadament delicada en termes de salut i, per tant, pateix qualsevol malaltia i constantment al llarg de la vida. Per què? Per a què? Quin sentit té això?

3.

Sembla que hem de buscar la resposta a aquesta pregunta en els mateixos orígens de l'espècie humana. Ja els he descrit amb força extensió en les meves obres de fins ara en el context de l'evolució de la psique de l'home. I resulta que la tendència de l'home a emmalaltir està inesperadament relacionada amb la qüestió de la psique humana.

4.

Vaig demostrar moltes vegades en el meu treball la tesi que la naturalesa reconeixia la mutació de l'ansietat com a extremadament perillosa per als animals i, per tant, per als simis prehumans.

A més, hi ha proves que la naturalesa considerava que la mutació de l'ansietat era definitivament catastròfica. El motiu principal no va ser la destrucció de la psique.

Inesperadament, l'ansietat va resultar ser més perillosa per al cos que per a la psique. En poques paraules, la destrucció de l'organisme per l'ansietat és precisament la somatosi.

 Com que la qüestió es remunta a la psicosi primària, per tant utilitzarem el terme de somatosi primària.

5.

Llavors, quin és exactament el fenomen de la somatosi primària?

II

1.

Bé, l'ansietat, en el sentit físic, és una emissió contínua d'ones electromagnètiques espontànies d'ones cerebrals, mitjançant l'estimulació contínua del sistema nerviós central i autònom, afecta tot el cos mitjançant l'alliberament de neurotransmissors i substàncies endocrines a la sang.

2.

Una estimulació tan constant (excepte el son) és inevitablement extremadament costosa en termes d'energia i això és el que a la natura no li agrada a la llarga. L'energia no té preu per a la natura i és per això que el procés d'evolució també significa lluitar per un lliure accés a les fonts d'energia i limitar-ne la pèrdua.

3.

 A més, una estimulació tan constant de l'ansietat sense sentit de tot l'organisme pertorba el curs dels processos fisiològics de tots els òrgans i sistemes de l'organisme, especialment el sistema immune.

4.

 Per tant, la Naturalesa no va haver d'activar cap mecanisme addicional per eliminar els individus amb la mutació de l'ansietat. Es van eliminar a si mateixos mitjançant un augment de la morbiditat, a través de la somatosi primària.

5.

Dit d'una altra manera, la somatosi primària és un procés continu, desencadenat per l'ansietat, el procés de pertorbar les funcions fisiològiques del cos que condueix a una disminució de la immunitat de l'organisme i, en conseqüència, a una malaltia.

III

1.

Al contrari de les absurdes tesis d'alguns cercles psicològics, la malaltia mai ha estat ni serà mai una "forma d'expressió i comunicació". En el sentit psíquic, la malaltia és un fenomen completament absurd i donar-li qualsevol significat psicològic és l'expressió d'un escrit total de contes de fades, tan fàcilment practicat en el camp no científic de l'anomenada psicologia fins ara.

2.

  Les malalties orgàniques humanes són la primera conseqüència de l'ansietat. Són la conseqüència física de l'ansietat i, des del principi, se suposava que havien d'eliminar els individus ansiosos de la raça de l'evolució i de la història de la vida a la Terra.

I hi havia condicions perquè aquests individus desapareguessin realment com a conseqüència de la plaga de malalties que els van afectar.

El mecanisme de la somatosi primària és una trampa sense sortida: l'ansietat pertorba els processos fisiològics de tot l'organisme i, com a resultat, disminueix la seva immunitat.

3.

És per això que tots els altres animals gairebé mai no pateixen cap malaltia, que viuen en condicions climàtiques i meteorològiques extremes, sovint fredes, amb gana, sobreescalfades, etc. Els processos fisiològics del seu cos no es pertorben. Per això, ni la pluja, ni el fred ni la fam són perillosos per a ells!

4.

I l'home és tan delicat, tan fràgil. Uns minuts sota la pluja i l'home està malalt. Algú esternuda a prop i l'home està malalt ...

5.

Per cert, desmentim el mite d'un estil de vida saludable i tan popular entre la gent moderna com una manera de salvar la seva salut. De fet, evitar totes les amenaces a la salut humana, com ara amenaces biològiques, químiques i físiques, tindria sentit i seria eficaç, si no fos

pel fet que l'home té un
mecanisme de somatosi
primària incrustat en els gens.

IV

1.

El fet que estiguem vius no és el resultat d'un estil de vida saludable perquè no té cap importància per a la somatosi.

Si és així, per què vivim, condemnats a desaparèixer

des del principi de la nostra carrera?

 Només hi ha una explicació. Hi ha ... un miracle al darrere!

 Quin miracle?

 El miracle de la psicosi primària.

 2.

La psicosi primària és una idea d'una tal aberració de la psique d'ansietat de manera que aquesta psique pugui sortir de la sobrecàrrega d'ansietat, abans que l'evolució desenvolupés la consciència tan forta que la consciència fos capaç de superar l'ansietat. Però abans de la psicosi primària el fenomen de la somatosi va aparèixer en el curs de l'evolució com la primera conseqüència de l'ansietat.

3.

Mentrestant, la somatosi és la mateixa aberració en el funcionament del cos humà que la psicosi en el cas de la psique humana. En ambdós casos, ens ocupem de la realització del sentit funcional del procés.

4.

Així, en el cas de la psicosi primària, el procés psicològic es torna tan irreal, és a dir, desvinculat de la realitat que la psique passa a un nivell de funcionament superior al real, a un nivell simbòlic. En aquest nivell, l'ansietat queda privada de la nocivitat catastròfica de la seva dimensió física i, en la dimensió simbòlica, l'ansietat es converteix en un factor que inspira una vida simbòlica creativa.

5.

Què passa amb la somatosi? Aquí el procés fisiològic real se substitueix per un procés irreal i no fisiològic, és a dir, un procés definit per la medicina com un procés de malaltia. Per tant, podem veure de manera justificada una analogia entre el procés irreal anomenat procés de malaltia de les funcions del cos i el procés irreal anomenat psicosi de les funcions de la psique.

Tot i que la psicosi resulta ser un èxit extremadament valuós per a l'espècie humana, ja que obre una nova dimensió de l'existència: la dimensió simbòlica; la qüestió de si la somatosi també té sentit és extremadament arriscada.

Posem-ho clarament. Totes les malalties humanes no són més que somatosis.

I un procés de malaltia de totes les malalties no és res més que un deslligat de la funció de realitat fisiològica d'un determinat òrgan del cos. I fins i tot en el cas d'una malaltia exògena, la influència d'un factor extern es limita a induir la desrealització del procés fisiològic i, per tant, al mateix amb què ens ocupa una malaltia endògena. Així doncs, l'analogia entre psique i somàtica és perfecta.

Abreviatures

Bloquejador d'ansietat AB

Alerta d'ansietat emocional AEA

Intel·ligència emocional i ansietat AEI

CP Polisimbolicitat cíclica

Síndrome infantil infantil

Psicosi episòdica EP

ESE Autoestima externa

ESEx Intercanvi simbòlic extern

gP / S Polisimbolicitat genètica / Esquizofrènia

Polisimbolicitat / esquizofrènia induïda per iP / S

ISE Autoestima interna

Intercanvi simbòlic intern ISEx

Intel·ligència lògica LI

Psicosi primària negativa (depressió)

PSPM Paral·lel Simbòlic Psique Em

Programa PRNL de Retorn a la Vida Normal

Intercanvi simbòlic paral·lel de PSEx

SBM Symbolic Brain Em

SE Autoestima

SEx Symbolic Exchange

SP Polisimbolicitat simultània

SPM Symbolic Psyche Me

SSPM Sleep Symbolic Psyche Me

T1h Tipus 1 de la Humanitat (sense autodistància a la psicosi primària)

T2h Tipus 2 de la Humanitat (amb autodistància a la psicosi primària)

T3h Tipus 3 de la Humanitat (tipus intermedi entre T1h i T2h)